Beyoncé Knowles

Por United Library

https://campsite.bio/unitedlibrary

Índice

Descargo de responsabilidad

Introduc

Beyoncé se adentra en la vida y la carrera de una de las figuras más emblemáticas de la música y la cultura pop modernas. Beyoncé Giselle Knowles-Carter, conocida cariñosamente como "Queen Bey", ha cautivado al público de todo el mundo con su incomparable destreza vocal, sus electrizantes actuaciones y su arte sin complejos. Este libro recorre la extraordinaria trayectoria de una mujer que no sólo ha redefinido la industria de la música, sino que también ha dejado una huella indeleble en la sociedad.

Desde sus comienzos como joven talento en concursos de canto y baile hasta su ascenso al estrellato como miembro del grupo Destiny's Child, que batió todos los récords, la trayectoria de Beyoncé es una muestra de resistencia y dedicación. Con su álbum de debut en solitario, "Dangerously in Love", alcanzó el estrellato en solitario y preparó el terreno para una serie de álbumes de éxito que consolidarían su estatus de superestrella mundial.

Pero "Queen Bey" no se limitó a la música. Se convirtió en una mujer de negocios polifacética, creó su propia empresa de gestión, Parkwood Entertainment, y exploró temas sociales a través de álbumes visuales innovadores como "Beyoncé" y "Lemonade".

En esta biografía meticulosamente documentada, exploramos sus logros, sus éxitos y su revolucionaria narrativa visual. Con 32 premios Grammy e innumerables galardones en su haber, la influencia de Beyoncé en la industria musical y la cultura popular es inconmensurable.

Este libro es una celebración de una artista que ha roto fronteras, ha empoderado a las mujeres y se ha convertido en una inspiración para millones de personas en todo el mundo. Acompáñenos en este viaje por la vida y el legado de la mujer que ha definido el siglo XXI.

Beyoncé Knowles

Beyoncé, a veces llamada por su nombre completo Beyoncé Knowles, o por su nombre de esposa Beyoncé Carter, nacida el 4 de septiembre de 1981 en Houston, Texas, es una cantante, compositora, bailarina, productora musical y actriz estadounidense.

En 2009 fue nombrada artista del decenio de 2000 por *The Guardian*, mientras que *New Musical Express* la consideró una de las artistas más destacadas del decenio de 2010. En 2013, las críticas musicales del *New Yorker* describieron a Beyoncé como la música más popular, importante e influyente de principios del siglo XXIe . En 2013, la revista *Forbes* la clasificó 17e en la lista de las mujeres más poderosas y 4e en la lista de las estrellas más poderosas del mundo, lo que la convierte en la segunda cantante más poderosa del mundo, por detrás de Lady Gaga y por delante de Madonna. En 2014, encabezó la lista de las celebridades más influyentes del mundo elaborada por la revista *Forbes*. En 2022, la revista *Rolling Stone* la declaró la artista musical más grande del pasado decenio.

En enero de 2017, vendió más de 185,5 millones de discos en todo el mundo, a los que hay que añadir los 65,5 millones de copias vendidas con el grupo Destiny's Child, del que fue la meneuse.

Beyoncé ha recibido numerosos galardones a lo largo de su carrera; es la segunda artista más galardonada del mundo después de Michael Jackson. En los Premios Grammy, es la artista más galardonada con 32 premios. En 2022, Beyoncé suma 88 nominaciones, lo que la convierte en la artista más nominada de la historia de los Grammy, a la par que su antecesor Jay-Z. En 2007, marcó su historia al convertirse en la primera artista femenina en ganar el premio de artista internacional en los American Music Awards. Está clasificada como la cuarta artista del año 2000 según *Billboard* y el 11 de diciembre de 2009, la revista *Billboard* la clasifica como la artista femenina que ha tenido más éxito y como la artista más difundida en la radio durante el decenio 2000-2009. Su tema *Formation*, lanzado en 2016, se ha convertido en la canción más exitosa de toda la historia, superando al tema *Thriller* de Michael Jackson.

El 21 de enero de 2013, cantó el himno nacional durante la segunda investidura del presidente estadounidense Barack Obama. En febrero de 2013, cantó el himno nacional en la primera parte de la XLVII Super Bowl. Volverá a cantar en la Superbowl 50 en febrero de 2016 acompañada de Coldplay y Bruno Mars. Ambos espectáculos forman parte de los mi-temps más vistos de todos los tiempos.

Beyoncé Knowles también tiene una carrera como actriz: apareció por primera vez en 2001 en la película musical *Carmen: A Hip Hopera*, y *Dreamgirls* en 2006, por la que obtuvo dos nominaciones a los Globos de Oro. También interpretó uno de los primeros papeles de la película de suspense *Obsesionada* en 2009.

Beyoncé y su madre Tina lanzaron su línea de moda familiar, *House of Deréon*, en 2004. También hace publicidad para marcas como Pepsi, Tommy Hilfiger, Giorgio Armani y L'Oréal.

Beyoncé es madre de tres hijos de la pareja que formó con su marido, el rapero y hombre de negocios Jay-Z.

Biografía

Jóvenes y principiantes

Beyoncé Giselle Knowles nació el 4 de septiembre de 1981 en Houston, Texas. Es hija de Mathew Knowles, productor musical profesional, y de Celestine Ann " Tina " Beyoncé, estilista, modista y peluquera originaria de Luisiana. Por parte de madre, Beyoncé es descendiente del chef acadiense Joseph Brossard . Otro de sus antepasados es Albert de Cuir, originario de Macon, en la provincia de Hainaut, que llegó a vivir a Luisiana en 1720 y se convirtió en propietario de esclavos. Beyoncé se llama así en homenaje a su madre, cuyo nombre de niña es "Beyoncé". Su hermana menor, Solange Knowles, también será cantante.

Beyoncé estudia danza en la escuela primaria St. Mary de Texas. Su talento para el canto se descubre cuando su profesor de danza empieza a fredonear una canción que ella termina, alcanzando notas agudas. El interés de Beyoncé por la música y el espectáculo nació tras su participación en un espectáculo escolar en el que cantó *Imagine* de John Lennon y ganó el concurso . A los siete años, Beyoncé empieza a llamar la atención de la prensa, al ser mencionada en el *Houston Chronicle* como

candidata a los premios locales de las artes del
espectáculo *The Sammy*.

En otoño de 1990, se matriculó en la escuela primaria
Parker, una escuela especializada en música de Houston,
donde actuó en escena con la coral de la escuela.
También estudió en la Kinder High School for the
Performing and Visual Arts de Houston y posteriormente
en la Alief Elsik High School, situada en un municipio de la
periferia de Houston, Alief . Beyoncé es solista en la coral
de su iglesia, la iglesia metodista unida de San Juan. John.
Ha permanecido en la coral durante dos años.

A los pocos años, Beyoncé se encuentra con LaTavia
Roberson en una audición para formar parte de un grupo
de diversión íntegramente femenino. Junto con LaTavia y
su prima Kelly Rowland, se unen a un grupo de seis
jóvenes que hacen rap y bailan, llamado *Girl's Tyme*. El
productor de RnB de la costa oeste Arne Frager llega a
Houston para reunirlas y, convencido, las graba en su
estudio The Plant Recording Studios, en California del
Norte, con la voz de Beyoncé. En el marco de los
esfuerzos por firmar un contrato con Girl's Tyme en una
discográfica importante, la estrategia de Frager es
participar en *Star Search*, la mayor campaña de búsqueda
de talentos del momento. Girl's Tyme participó en el
concurso, pero no lo hizo porque, según Beyoncé, la
canción interpretada no era la mejor . Beyoncé sufrió su

primera "derrota profesional" con este fallo, pero recuperó la confianza después de saber que las estrellas del pop Britney Spears y Justin Timberlake también habían sufrido la misma humillación.

Para dirigir el grupo, el padre de Beyoncé, en aquella época vendedor de equipos médicos, abandona su trabajo en 1995 y crea un "campo de entrenamiento" para su formación. Esto reduce a la mitad el presupuesto de la familia de Beyoncé, y sus padres se ven obligados a mudarse a apartamentos separados. Poco después de la inclusión de Rowland, Matthew redujo el grupo a cuatro, con LeToya Luckett, que se unió a ellos en 1993. En el salón de peluquería de Tina y en su tienda, el pequeño grupo sigue produciendo, como en la primera parte de un concierto de grupos femeninos de RnB de la época; Tina colabora en la creación de sus trajes, algo que seguirá haciendo durante toda la existencia de Destiny's Child. Gracias al continuo apoyo de Matthew, se presentan a las audiciones de las casas discográficas y firman finalmente con Elektra Records. Se trasladan a Atlanta para trabajar en su primer disco, antes de que la discográfica rompa el contrato en 1995. El grupo regresa a la discográfica para volver a empezar y el nombre del grupo cambia a Destiny's Child. Esto provoca la discordia entre los Knowles, los padres de Beyoncé se separan bruscamente cuando ella tiene 14 años. En 1996, la familia se reforma y, al mismo tiempo, las chicas firman un contrato con Columbia Records bajo el nombre de Destiny's Child.

Destiny's Child (1997-2001)

El grupo cambia su nombre por Destiny's Child en 1993 tras un paso por el Libro de Isaías. Conjuntamente, dan conciertos locales y, tras cuatro años de carrera, el grupo firma con Columbia Records a finales de 1997. Ese mismo año, Destiny's Child graba su primera canción, *Killing Time*, para la banda original de la película de 1997 *Men in Black* . El año siguiente, el grupo saca su primer álbum, que contiene su primera canción, *No, No, No*. Este álbum instala al grupo en la industria musical, con unas ventas modestas y haciéndole ganar tres Soul Train Lady of Soul Awards por el "Mejor single RnB/soul" con No, No*, No*, el "Mejor álbum RnB/soul del año" y el "Mejor nuevo artista RnB/soul o rap". En 1999, el grupo publica su segundo álbum, *The Writing's on the Wall, que* se convierte en disco de platino. El disco contiene algunas de las canciones más conocidas del grupo, como *Bills, Bills, Bills, el primer* single número uno del grupo, *Jumpin', Jumpin'*, y Say *My Name*, que se convirtió en su canción de mayor éxito hasta el momento, y que sigue siendo una de sus canciones principales. *Say My Name recibió* el Premio a la Mejor Canción RnB por un dúo o grupo de canto y el Premio a la Mejor Canción RnB en la 43e ceremonia de entrega de los Premios Grammy en 2001. *The Writing's on* *the Wall se* vende en más de ocho millones de ejemplares.

Luckett y Roberson descubren en el clip de *Say My* Name que han sido sustituidas por Michelle Williams y Farrah Franklin. Ellas intentaron entonces un proceso contra el grupo por ruptura de contrato. Finalmente, Luckett y Roberson abandonan el grupo. Franklin les demanda cinco meses después, como muestra sus ausencias en promociones y conciertos. Ella atribuye su salida a las diferencias negativas en el grupo, resultado de la separación. Después de decidir su nombre definitivo, el trío graba *Independent Women Part I*, que aparece en 2000 en la banda original de la película *Charlie and ses drôles de dames*. Se convirtió en su single mejor clasificado, ocupando el primer puesto de la lista oficial de singles de Estados Unidos durante once semanas consecutivas. Más tarde en el año, Luckett y Roberson retiran su demanda contra los nuevos antiguos miembros del grupo, al tiempo que continúan su proceso contra Mathew. Ambas partes se ponen de acuerdo: deciden poner fin a su emigración pública. Luckett y Roberson presentan una nueva demanda tras la salida del tercer álbum de Destiny's Child, *Survivor,* que salió a la venta en mayo de 2001, haciendo valer que las canciones del álbum eran las mismas. El álbum ocupa el primer puesto del *Billboard* 200 americano con 663.000 copias vendidas. Dos años más tarde, *Survivor se vendió por* valor de más de diez millones de ejemplares en todo el mundo, de los cuales más del 40% sólo en los Estados Unidos. El álbum contiene otros singles número uno como *Bootylicious* y el título homónimo del álbum, *Survivor*; este último le valió al grupo un premio Grammy a la mejor canción R&B cantada por un dúo o un grupo. Tras el lanzamiento de su álbum de Navidad, *8 Days of Christmas*, el grupo anuncia una pausa para continuar con sus proyectos en solitario.

Dangerously In Love y disolución del grupo (2000-2005)

Antes de lanzarse a una carrera en solitario, cuando aún formaba parte de las Destiny's Child, Beyoncé ya había hecho algunas apariciones en solitario. Hizo un dúo con su socio Marc Nelson en la canción *After All Is Said and Done* para la banda original de la película de 1999 *The Best Man*. A principios de 2001, mientras las Destiny's Child terminaban la grabación de *Survivor*, Beyoncé interpreta uno de los papeles principales en la película de MTV, *Carmen: A Hip Hopera*, junto al actor estadounidense Mekhi Phifer. [e]La película, rodada en Filadelfia, es una interpretación moderna de la ópera del siglo XIX *Carmen,* escrita por el compositor francés Georges Bizet.

En 2002, Beyoncé protagoniza la comedia *Austin Powers en Goldmember*, interpretando a Foxxy Cleopatra junto a Mike Myers, y graba su primer single en solitario, *Work It Out*, para la banda original de la película. El año siguiente, actuó al lado de Cuba Gooding Jr. en la comedia romántica *The Fighting Temptations,* y grabó varias canciones para la banda original de la película, entre ellas *Fighting Temptation* y una repetición de *Fever* .

Este mismo año, Beyoncé aparece en el single de su amigo Jay-Z, *03 Bonnie & Clyde*. También grabó una versión de *In da Club* de 50 Cent en marzo de 2003. Luther Vandross y Beyoncé reproducen el dúo *The Closer I Get to You*, grabado originalmente por Roberta Flack y Donny Hathaway en 1977. Su versión ganó el Premio Grammy a la mejor canción de R&B para un dúo o un grupo con canción el año siguiente, mientras que *Dance with My Father*, una repetición de Vandross, recompensó a Beyoncé con el Premio Grammy a la mejor canción de R&B masculina .

Después de que Williams y Rowland lanzaran sus respectivos álbumes en solitario, Beyoncé puso de gira su primer álbum en solitario, *Dangerously in Love*, en junio de 2003. Con numerosos colaboradores musicales, el álbum contiene una combinación de canciones con ritmos elevados y melodías RnB. El álbum debutó en el primer puesto del *Billboard* 200, vendiéndose 317.000 ejemplares en su primera semana. Certificado como cuádruple disco de platino el 5 de agosto de 2004 por la Recording Industry Association of America, el álbum se vende actualmente por 6,7 millones de copias en los Estados Unidos. El álbum ha producido dos singles número uno. *Crazy in Love*, que contiene una canción rapeada por Jay-Z, se difundió como primer single del álbum y se mantuvo en el número uno del *Billboard* Hot 100 durante siete semanas consecutivas y en numerosas listas de todo el mundo. Beyoncé también ocupó simultáneamente el primer puesto en las listas de singles y álbumes del Reino Unido'. El segundo single del álbum, *Baby Boy*, en el que interviene el cantante de dancehall Sean Paul, también se convirtió en uno de los mayores éxitos de 2003, dominando el ranking de difusión en las radios estadounidenses y permaneciendo durante siete semanas en el número uno del *Billboard* Hot 100, una semana más que *Crazy in Love'*. Al igual que el anterior, los tres singles siguientes también han cosechado éxitos comerciales, lo que ha impulsado al álbum a lo más alto de las listas y lo ha mantenido hasta el día de hoy, terminando el disco con la certificación multidiscos de platino. Beyoncé consiguió el récord de cinco premios Grammy en la 48e ceremonia de entrega de los Grammy en 2004 por su trabajo en solitario, que incluye el Grammy a la mejor canción R&B femenina por *Dangerously in Love 2*, el de mejor canción RnB por *Crazy in Love*, y el de mejor álbum de 'B contemporáneo. Compartió este récord con otras cuatro artistas femeninas: Lauryn Hill en 1999, Alicia Keys en 2002, Norah Jones en 2003 y Amy Winehouse en 2008. En 2010 batió su propio récord con 6 premios Grammy en una sola ceremonia. En 2004 ganó el Brit Award a la mejor artista femenina internacional en solitario. A principios de 2004, Beyoncé interpretó el himno nacional estadounidense en la Super Bowl XXXVIII en el Reliant Stadium de Houston. El 27 de febrero de 2005 participa en la 77e ceremonia de los Oscar interpretando *Vois sur ton chemin*, la canción de la película *Les Choristes* de Christophe Barratier nominada al Oscar a la mejor música de película.

A continuación, prepara una suite para *Dangerously in Love*, que utilizará algunas de sus grabaciones anteriores. Sin embargo, sus aspiraciones musicales se han visto frenadas por una agenda cargada, sobre todo por la grabación con las Destiny's Child del que será su último álbum. Después de tres años dedicados a proyectos en solitario, Beyoncé, Rowland y Williams lanzan *Destiny Fulfilled* en noviembre de 2004. El álbum alcanzó el segundo puesto del *Billboard* 200, y contiene tres sencillos que entran en el top 40, entre ellos *Lose My Breath* y *Soldier*. Para acompañar el álbum, las Destiny's Child lanzan en 2005 la gira mundial *Destiny Fulfilled... And Lovin' It*, que se desarrolla de abril a septiembre. Durante su visita a Barcelona, el grupo anuncia su disolución tras el final de la parte norteamericana de la gira . En octubre de 2005, el grupo publica un recopilatorio, llamado *Number 1's*, que incluye todos los singles número uno de Destiny's Child y la mayoría de sus canciones conocidas. La compilación incluye también tres nuevas canciones. Destiny's Child fue galardonada con una estrella en el Paseo de la Fama de Hollywood en marzo de 2006. También han sido reconocidas como el grupo femenino que más ha vendido en todo el mundo en todos los tiempos por los World Music Awards, .

B'Day y Dreamgirls (2006-2007)

Continuando su carrera en el cine, Beyoncé interpreta el papel de Xania, una estrella internacional del pop en la película *La Panthère rose*, junto a Steve Martin, que interpreta al inspector Jacques Clouseau, . La película se estrenó el 10 de febrero de 2006 y alcanzó el número uno de la taquilla, con 21,7 millones de dólares recaudados en su primer semestre. Beyoncé grabó *Check on It con* la banda original de la película, junto a Slim Thug, y alcanzó el primer puesto del *Billboard* Hot 100. A finales de 2005, estrenó su segundo álbum después de haber interpretado un papel en *Dreamgirls*, una adaptación cinematográfica de la comedia musical de Broadway del mismo nombre de 1981 que evoca a un grupo de los años 1960, libremente inspirado en el grupo totalmente femenino de la Motown, The Supremes. En la película, interpreta a un personaje inspirado en Diana Ross, Deena Jones, . *Dreamgirls, protagonizada por* Jamie Foxx, Eddie Murphy y Jennifer Hudson, se estrenó en diciembre de 2006. Beyoncé graba varias canciones para la banda original de la película, entre ellas *Listen*. El 14 de diciembre de 2006, Beyoncé fue propuesta para dos Globos de Oro gracias a la película: el Globo de Oro a la mejor actriz de una película musical o una comedia y el Globo de Oro a la mejor canción original por *Listen*. Inspirada por su papel en *Dreamgirls*, Beyoncé trabaja en su segundo álbum sin un plan preestablecido, declarando a MTV News: "[Cuando terminó la gira] tenía muchas cosas nuevas, muchas emociones, muchas ideas". Beyoncé se reúne con sus antiguos colaboradores musicales, entre ellos Rich Harrison, Rodney Jerkins y Sean Garrett, en los estudios Sony Music de Nueva York. Ha escrito y coproducido la casi totalidad de las canciones del álbum, que se grabará en tres semanas. *B'Day llega al mundo* el 4 de septiembre de 2006, y el fin de semana a los Estados Unidos para coincidir con la celebración de su vigésimo quinto aniversario. El álbum debutó en el primer puesto de la *lista Billboard* 200, con más de 541.000 copias vendidas en el primer semestre, su mayor cifra de ventas en un primer semestre como solista. El álbum ha sido certificado tres veces disco de platino en los Estados Unidos por la Recording Industry Association of America (RIAA). El primer single, *Déjà Vu*, a dúo con Jay-Z, es número uno en el Reino Unido. *Irreplaceable* se convirtió en octubre de 2006 en el segundo single del álbum en todo el mundo y el tercero en Estados Unidos. La canción ocupa el primer puesto del *Billboard* Hot 100 durante 10 semanas consecutivas, el récord de Beyoncé. Aunque ha sido un éxito comercial, la producción relativamente pobre del álbum ha sido objeto de críticas[.].

Beyoncé lanza un nuevo B'*Day* el 3 de abril de 2007, en una edición de lujo que incluye cinco nuevas canciones y las versiones en español de *Irreplaceable* y *Listen*. Además, la *B'Day Anthology* incluye 10 videoclips[.]. ¡Paralelamente al álbum, Beyoncé inicia la larga gira de conciertos *The Beyoncé Experience*, que visitará más de cuatrocientas setenta ciudades de todo el mundo, y se grabará para el concierto en DVD *The Beyoncé Experience Live! En* la 49e ceremonia de entrega de los premios Grammy en 2007, *B'Day hizo* ganar a Beyoncé el premio al mejor álbum de RnB contemporáneo. La artista hizo historia en la 35e ceremonia anual de los American Music Awards al convertirse en la primera mujer en ganar el premio al artista internacional.

I Am... Sasha Fierce et *Cadillac Records* (2008-2010)

Beyoncé lanza su tercer álbum de estudio, *I Am... Sasha Fierce*, el 18 de noviembre de 2008. Ha declarado que *Sasha Fierce es* el nombre de la personalidad que adopta cuando está en escena. El álbum viene precedido por el lanzamiento de dos sencillos, *If I Were a Boy* y *Single Ladies (Put a Ring on It)*. Mientras que If I Were *a Boy* ocupa el primer puesto en muchas listas de todo el mundo, sobre todo en los países europeos, *Single Ladies (Put a Ring on It) ha sido* número uno en la lista *Billboard*

Hot 100 durante cuatro semanas consecutivas, convirtiendo a Beyoncé en el quinto single número uno en los Estados Unidos.

Beyoncé interpreta el papel de la cantante de blues Etta James en la película biográfica musical *Cadillac Records*. Su interpretación en la película ha suscitado comentarios críticos. La canción *Once in a Lifetime,* que es una colaboración con el cantante británico Scott McFarnon, ha sido propuesta para un Grammy y un Globo de Oro. Beyoncé también participa, junto a Ali Larter e Idris Elba, en el thriller *Obsesionada*, en producción desde mayo de 2008. La película fue un éxito comercial, llegó a Estados Unidos el 24 de abril de 2009 y recaudó 11,1 millones de dólares el día de su estreno. Terminó el fin de semana de estreno en primer lugar, con un total de 28,6 millones de dólares.

Halo, el cuadragésimo single de *I Am... Sasha Fierce alcanza* la decimoquinta posición en el *Billboard* Hot 100, convirtiéndose en el 12ᵉ single en el top 10 de esta clasificación de Beyoncé como artista en solitario. Esto convierte a Beyoncé en la artista femenina con más top dix en el Hot 100 esta década' . También es la artista femenina con más semanas acumuladas en el primer puesto de esta lista en este decenio, con un total de 36 semanas en el primer puesto, más de cinco primeros puestos y también más de diez primeros puestos en este decenio con cuatro , así como más singles en el top 40 durante este decenio con 19 singles.

Beyoncé recibe el premio a la mejor artista femenina en los NAACP Image Awards 2009. También ganó el premio a la mejor artista RnB en los Teen Choice Awards 2009. Beyoncé estuvo el 18 de enero de 2009 en las festividades del Lincoln Memorial en honor de la investidura de Barack Obama, el 44e presidente de los Estados Unidos. También cantó su versión de la canción clásica de R&B más famosa de Etta James, *At Last*, para el presidente Obama y su esposa Michelle, que bailaron por primera vez como presidente y primera dama de América el 20 de enero de 2009 en el Neighborhood Inaugural Ball.

Para apoyar el álbum, Beyoncé lanza la larga gira de conciertos I Am... World Tour a partir del verano de 2009, recorriendo todo el mundo. Concluirá la parte norteamericana de su gira con un concierto de cuatro horas limitado al íntimo teatro Encore de 1.500 plazas en el complejo *Encore* de Steve Wynn en Las Vegas, del 30 de julio al 2 de agosto de 2009. El 2 de agosto de 2009, la gira de Beyoncé se convertirá oficialmente en la atracción número uno gracias a sus récords de frecuencia y a un recorrido inédito con numerosas etapas.

El videoclip de *Single Ladies (Put a Ring on It)* ganó el premio BET Awards 2009 al mejor videoclip del año. Además, fue propuesto para un total de nueve galardones en los MTV Video Music Awards 2009, y finalmente recibió el premio al mejor vídeo del año, además de otros dos premios, aunque su derrota en la categoría de Mejor Vídeo Femenino, conseguida por Taylor Swift y su canción *You Belong with Me*, provocó una polémica durante la ceremonia". En octubre de 2009, Beyoncé recibió el premio a la "mujer del año" de la revista Billboard. En noviembre de 2009, fue anunciada como la ganadora del concurso de la cadena inglesa 4Music llamado "Les plus grandes popstars du monde". Votaron más de 100 000 personas.

Tras el terremoto de 2010 en Haití, Beyoncé participa en el telemaratón *Hope for Haiti Now: A Global Benefit for Earthquake Relief*. Aparece en Londres con Jay-Z, Rihanna, Bono y The Edge de U2, donde interpreta una versión acústica de su canción *Halo*. Beyoncé dominó la 52e ceremonia de entrega de los Premios Grammy, al recibir 10 nominaciones, entre ellas el Premio Grammy al álbum del año por *I Am... Sasha Fierce*, el de la grabación del año por *Halo*, y el de la canción del año por *Single Ladies (Put a Ring on It)*. Sus otras dos nominaciones fueron al Grammy a la mejor canción de R&B tradicional por *At Last* y a la mejor canción escrita para cine, televisión u otro medio visual por *Once in a Lifetime*, lanzada por *Cadillac Records* en 2009. Además, consiguió, junto con Lauryn Hill, el mayor número de nominaciones a los Premios Grammy para una artista femenina. Finalmente, el 31 de enero de 2010 batió el récord de mayor número de premios Grammy recibidos en una única ceremonia por una artista femenina, recibiendo seis premios de sus seis nominaciones. Ganó el premio a la canción del año, a la mejor canción RnB y a la mejor interpretación vocal RnB femenina por *Single Ladies (Put a Ring on It)*, la mejor interpretación vocal pop femenina por *Halo*, el mejor álbum de RnB contemporáneo por *I am... Sasha Fierce* y el Grammy a la mejor interpretación vocal RnB tradicional por *At Last*.

Las dos últimas semanas de la gira *I Am... World Tour tuvieron lugar en* febrero de 2010 en América del Sur y el Caribe. En marzo de 2010, el single de Lady Gaga *Telephone*, en el que también aparece Beyoncé, alcanzó el primer puesto de la categoría Pop Songs, convirtiéndose en el sexto número uno de esta categoría para las dos cantantes. Con esta actuación, igualan el récord obtenido por Mariah Carey de mayor número de números uno desde el lanzamiento en 1992 de la clasificación Nielsen BDS basada en la difusión radiofónica. *Telephone es* el quinto álbum de Beyoncé en la lista de singles del Reino Unido, ya sea como solista, artista principal o no.

Más temprano en el año, Beyoncé reveló en una entrevista para *USA Today que se tomaría una* pausa musical en 2010: "Es hora de hacer una pausa, de recargar las pilas. Me gustaría tomarme unos seis meses y no volver al estudio. Sólo necesito vivir mi vida, inspirarme en cosas nuevas". "Beyoncé también ha declarado que quiere ir al restaurante, asistir a cursos, ver películas y espectáculos de Broadway y pasar más tiempo con su hijo, Julez (el hijo de su madre, Solange Knowles)""".

Durante su pausa, Beyoncé fue entrevistada por la revista *Allure* en febrero de 2010, donde dijo que "Sasha Fierce ya no existe. Je l'ai tuée. "Continúa diciendo que se siente muy cómoda con ella misma para trabajar sin alias. Elle explique en outre : "Je n'ai plus besoin de Sasha Fierce, parce que j'ai grandi et maintenant je suis capable d'unifier les deux. "En los BET Awards 2010, Beyoncé recibió el BET Award al mejor vídeo del año por su colaboración con Lady Gaga en *Video Phone*.

4 (2011-2012)

En enero de 2011, se anunció que Beyoncé actuaría en un remake de Una estrella *nace*, realizado y producido por Clint Eastwood para Warner Bros. El remake será la cuarta adaptación de la historia de *Una estrella nace* y la más reciente desde la versión de 1976 con Barbra Streisand y Kris Kristofferson. Sin embargo, el 9 de octubre de 2012, Beyoncé declaró a *E! News* que había abandonado su papel previsto en la película por problemas de agenda. Elle affirme : " Depuis des mois, nous avons essayé de coordonner nos emplois du temps afin d'amener ce remake à la vue mais c'est tout simplement impossible. Esperamos que en el futuro tengamos la oportunidad de trabajar juntos". En febrero de 2011, unos documentos obtenidos por el sitio web WikiLeaks revelaban que Beyoncé, junto a Usher, Mariah Carey y Nelly Furtado, había recibido más de 1 millón de dólares por cantar ante los miembros de la familia del líder libio, en ese momento, Mouammar Kadhafi . La revista *Rolling Stone* ha señalado que la industria musical les ha instado a devolver el dinero que han ganado en este concierto. El 2 de marzo de 2011, un portavoz de la cantante declaró a *The Huffington Post que* había devuelto el dinero al Clinton Bush Haiti Fund, creado para ayudar a las víctimas del seísmo de 2010 en Haití. El 28 de marzo de 2011, se anunció que el padre de Beyoncé y manager de larga data Matthew Knowles ya no seguiría su carrera. El agregado de prensa de la cantante ha enviado un comunicado a Associated Press, indicando que ella y su padre se han separado "en el plano profesional". Ahora sigue siendo ella misma y ha creado su propio equipo directivo. En junio de 2011, *Forbes* la situó en el primer puesto de su lista de "las celebridades de menos de 30 años mejor pagadas" por haber ganado 35 millones de dólares entre mayo de 2010 y mayo de 2011. La revista explica que la baja clasificación de Beyoncé se debe a que ha pasado la mayor parte de este periodo en la carretera y a que estaba a punto de registrar su cuarto álbum.

El cuarto álbum de estudio de Beyoncé, *4*, salió a la venta el 24 de junio de 2011. El álbum está inspirado en diferentes artistas como Fela Kuti, The Stylistics, Lauryn Hill, Stevie Wonder y Michael Jackson. Debutó en el primer puesto del *Billboard* 200 con 310 000 copias vendidas en el primer semestre. La cantante consigue así su cuarto álbum consecutivo en el primer puesto de álbumes en los Estados Unidos y se convierte en la segunda artista femenina y la tercera artista que consigue el primer puesto de *Billboard 200 con* sus cuatro primeros álbumes de estudio. Sin embargo, las ventas en la primera semana de *4 son* las más bajas de Beyoncé con un álbum de estudio hasta la fecha. Su primer single *Run the World (Girls)* alcanzó el puesto 29e del *Billboard* Hot 100 y se convirtió en el primer single peor clasificado de la cantante en solitario. Le second single de l'album *Best Thing I Never Had* sort le 1er juin 2011. Alcanzó el puesto 16e del *Billboard* Hot 100. También cantó en el festival T in the Park Festival en Escocia el 9 de julio de 2011 y en el Oxegen Festival en Irlanda el fin de semana. Beyoncé estará en el Roseland Ballroom de Nueva York durante cuatro noches de conciertos especiales. La programación de los conciertos de *4 Intimate Nights with Beyoncé* es el conjunto del álbum *4*. Durante cuatro noches, los días 14,

16, 18 y 19 de agosto, Beyoncé interpretará sus nuevas canciones ante un público muy numeroso.

El 28 de agosto, en los MTV Video Music Awards 2011, Beyoncé anunció que ella y Jay-Z esperan a su primer hijo. Hizo la declaración durante su aparición en la cinta roja y al final de su interpretación de *Love on Top* con el pecho al aire'. *The Huffington Post* confirmó más tarde que la cantante llevaba 5 meses cantando y que su anuncio de éxito batió el récord de "más tuits registrados por segundo en un solo evento" en Twitter con 8.868 tuits por segundo. Según MTV, la presentación de Beyoncé en *Love on Top* y el anuncio de su recaudación durante la ceremonia de entrega de premios han convertido a los MTV Video Music Awards 2011 en el programa más visto de la historia de MTV, con 12,4 millones de telespectadores. Además, los datos de Google Insights muestran que el término más buscado del 29 de agosto al 4 de septiembre de 2011 fue "Beyoncé enceinte", que alcanzó niveles de "excitación", un término utilizado por Google para describir una búsqueda con un aumento de más del 5 000 %. El anuncio de Beyoncé de su éxito ha provocado un aumento de las ventas de sus discos, en particular de *4, que se* vendió por 700 000 ejemplares en agosto de 2011. El álbum está certificado como disco de platino por la RIAA. *4 se* vende con 1 400 000 copias en los Estados Unidos y con más de 3 millones de copias en todo el mundo.

El 8 de octubre, Beyoncé interpretó *I Wanna Be Where You Are* de Michael Jackson en el concierto homenaje a Michael Forever en el Millennium Stadium de Cardiff, en el País de Galles. En noviembre de 2011, Beyoncé Knowles es designada como la intérprete que más gana por minuto en todo el mundo por la web de medios sociales, al ganar 1,25 millones de libras esterlinas por un concierto de cinco canciones durante una fiesta por el aniversario del nuevo año 2010 en la isla de San Bartolomé, lo que equivale a 71 040 libras por minuto pasado en escena. El 30 de noviembre de 2011, recibió dos nominaciones para la 54e ceremonia de los Premios Grammy: una a la mejor colaboración rap/canción por *Party* y otra al mejor vídeo musical de formato largo por *I Am... World Tour. World Tour*. En diciembre de 2011, la cantante se situó en el cuarto puesto de la lista 2011 de la revista *Forbes* de las "mujeres mejor pagadas de la música" por haber ganado 35 millones de dólares. El 20 de diciembre de 2011 se supo que Knowles había trabajado con el productor The-Dream para grabar nuevas canciones. En una entrevista con *The Boombox*, The-Dream explica : "Está lista para trabajar... ¡Es folle! Elle n'arrête jamais de faire quelque chose. Je sais pas si [la grossesse] va la ralentir. Es sencillamente incapaz de hacer cosas, no sé cómo lo hará, sólo es tonta... en el buen sentido. "

The Mrs. Carter World Tour et Beyoncé (2013-2015)

El 21 de enero de 2013, Beyoncé canta el himno nacional durante la segunda investidura del presidente estadounidense Barack Obama. El 29 de enero de 2013, las Destiny's Child lanzan un recopilatorio titulado *Love Songs* con una canción inédita *Nuclear*, su primera canción original desde su separación en 2005. El 3 de febrero de 2013, cantó en la mis-temps de la Super Bowl XLVII que se ha convertido en una de las mis-temps más vistas de todos los tiempos con 104 millones de telespectadores y es el segundo evento más comentado en Twitter. Unos días más tarde, durante la 55ª ceremonia de los Premios Grammy, recibió el premio a la mejor canción RnB tradicional por *Love on Top*.

Aparece en su propio documental que realizó y produjo titulado *Life Is But a Deam,* emitido en HBO el 16 de febrero de 2013, en el que habla de su vida profesional y personal, así como de su éxito . El DVD, acompañado de un directo que forma parte de *Revel Presents: Beyoncé Live* en noviembre de 2013 con una canción exclusiva; *God Made You Beautiful*.

Beyoncé inició su quinta gira de 132 fechas *The Mrs. Carter Show World Tour* el 15 de abril de 2013 en Belgrado (Serbia) y finalizará el 27 de marzo de 2014 en Lisboa (Portugal). Esta gira es una de las más rentables de todos los tiempos.

El 4 de abril de 2013, aparece en un anuncio *Embrace your past, but live for now* para la marca de bebidas Pepsi-Cola en el que se difunde una parte del título inédito Grown Woman. El fin de semana, en un anuncio para la marca de ropa H&M, se difunde una nueva canción *Standing on the Sun*. En mayo de 2013, participó en la banda original producida por Jay-Z de *Gatsby el Magnífico* interpretando *Back to Black* de Amy Winehouse en colaboración con André 3000. Pone su voz a Queen Tara en la película de animación *Epic: La Batalla del reino secreto* que sale el 24 de mayo de 2013, y graba el título *Rise-Up* co-escrito con Sia para la película. En julio de 2013, aparece en el álbum Jay-Z, *Magna Carta.... Holy Grail* con el título *Part II (On the Run)* que será el tercer single del álbum en febrero de 2013.

El 13 de diciembre de 2013, Beyoncé lanzó su quinto álbum esponjoso *BEYONCÉ*, que incluye 14 canciones y 17 vídeos, sin anuncio ni promoción, y llegó a la cima del *Billboard* 200 durante tres semanas consecutivas, convirtiéndose en la primera artista femenina con cinco álbumes en su haber que alcanza el primer puesto de la lista. Después de 3 días de venta en iTunes, se ha clasificado número 1 en 104 países, y el total de álbumes vendidos es de 828 773 ejemplares en tres días, lo que se convierte en el récord mundial absoluto en un periodo también corto. El álbum se vendió por 420 000 ejemplares en 24 horas sólo en los Estados Unidos y la salida sorpresa de su obra generó 1,2 millones de tweets en 12 horas. En cinco días se venderán un millón de ejemplares en iTunes. A partir de noviembre de 2014, el álbum se ha vendido por más de 5 millones de ejemplares en todo el mundo.

Los dos primeros singles del álbum salen a la venta pocos días después de su lanzamiento, *XO llega* al cuadragésimo decimocuarto puesto del *Billboard* Hot 100 mientras que *Drunk in Love* en colaboración con Jay-Z consigue un gran éxito comercial, clasificándose en el segundo puesto de la lista y la pareja interpreta la canción en la actuación de apertura de la 56ª ceremonia de los Premios Grammy. El 25 de febrero de 2014 llega *Partition a la* octava posición de la clasificación, seguido de *Pretty Hurts* el 10 de junio de 2014 que, al igual que *Partition*, llega a la cima del Hot Dance Club Songs. Una reedición del álbum salió el 24 de noviembre de 2014; de la que se extrajeron tres singles: un remix de *Flawless* en colaboración con Nicki Minaj el 12 de agosto de 2014, después *7/11* el 24 de noviembre de 2014 que se colocó en el decimotercer puesto del Billboard Hot 100 y en cabeza del Hot Dance Club Songs así como del Hot R&B/Hip-Hop Songs, además de *Ring Off* que salió unos días más tarde. El 2 de junio de 2014 salió a la venta su colaboración con Kelly Rowland y Michelle Williams, *Say Yes*, que figura en el álbum de esta última *Journey to Freedom*, publicado en septiembre de 2014.

En abril de 2014, tras varias semanas de rumores, Beyoncé y Jay-Z anunciaron su gira conjunta de siete fechas titulada *On The Run Tour*, que comenzó en Estados Unidos el 25 de junio de 2014 y terminará en el Estadio de Francia los días 12 y 13 de septiembre de 2014. En la 57ª edición de los Premios Grammy, fue nominada en seis categorías, de las cuales ganó tres: mejor actuación RnB y mejor canción RnB por *Drunk in Love* y mejor álbum de sonido envolvente por su álbum Éponyme, aunque no recibió el premio al mejor álbum del año, para sorpresa general .

Limonada y *Todo es Amor* (2016-2018)

El 6 de febrero de 2016, lanzó el single *Formation,* cuyo clip se difunde en exclusiva en Tidal, que alcanzó el décimo puesto del *Billboard* Hot 100. El día siguiente, cantó la canción en la Superbowl, donde ofreció el espectáculo de la primavera en compañía de Coldplay y Bruno Mars. El día siguiente, cantó la canción en la Superbowl, donde hizo el espectáculo de la mi-temps en compañía de Coldplay y Bruno Mars. Tras esta actuación, anunció su séptima gira mundial, *Formation World Tour, que* comenzó el 27 de abril de 2016.

El 23 de abril de 2016, la cantante sorprendió con el lanzamiento de su sexto álbum de estudio, *Lemonade. El* 16 de abril de 2016 anunció que un documental de 60 minutos titulado *Lemonade* se emitiría en HBO sin desvelar la naturaleza del proyecto, aunque los fans y los medios de comunicación no tardaron en adivinar que se trataba de un álbum. El mismo día que el álbum se difunde en Tidal y se lanza oficialmente en todo el mundo el fin de semana. Comenzó en el primer puesto del *Billboard 200 con* 653 000 copias vendidas en su primer mes de venta. Ha batido el récord de DMX siendo el único artista en tener sus seis primeros álbumes en cabeza de esta clasificación y también ha batido a Taylor Swift siendo la primera artista en tener dos canciones del mismo álbum clasificadas en el Billboard Hot 100 (la de Taylor fue una). El álbum ha sido aclamado por la crítica y es el proyecto que mejor ha recibido todas las críticas en contra. El 3 de mayo de 2016, lanzó su segundo single, *Sorry*, que alcanzó el primer puesto del *Billboard* Hot 100, seguido del tercer single *Hold Up*, que alcanzó el decimotercer puesto de la misma lista. Muchos medios de comunicación y fans afirman que este álbum es un homenaje a la infidelidad de su marido Jay-Z, a pesar de sus múltiples colaboraciones. En los MTV Video Music Awards de agosto de 2016 recibió ocho premios de sus once nominaciones, el más importante de ellos el de clip del año por *Formation*, y se convirtió en la artista más galardonada de la historia de esta ceremonia. En enero de 2017, el anuncio de su éxito en Instagram se convirtió en la foto más deseada del sitio en menos de cuatro horas.

En la 59e ceremonia de entrega de los premios Grammy en febrero de 2017, fue la artista más nominada, con nueve nominaciones, lo que le permitió ser la artista femenina más nombrada en la historia de esta ceremonia. Sólo ha recibido dos premios: el de mejor clip por *Formation* y el de mejor álbum urbano por *Lemonade*. Sin embargo, no ha recibido, para sorpresa general, el premio al mejor álbum del año por *Lemonade, que* ha sido objeto de controversia en los medios de comunicación y en las redes sociales″ . El premio lo ganó Adele, que declaró durante su discurso que *Lemonade* merecía el premio y lo retiró para dar la otra parte a Beyoncé᾿ . En septiembre de 2017 Beyoncé hizo la remezcla de *Mi Gente* en colaboración con J Balvin y Willy William. Todos los beneficios de esta música fueron a parar a asociaciones de ayuda a las víctimas de los huracanes Harvey e Irma que afectaron a Texas, México, Puerto Rico y otras islas del Caribe. *Mi Gente está* considerada por *Billboard como* una de las 100 canciones que han marcado el año 2010 después de ocupar el tercer puesto en el Hot 100.

El 10 de noviembre de 2017, Eminem lanza *Walk on Water*, el single principal de su álbum *Revival*, en colaboración con Beyoncé.

El 30 de noviembre, Ed Sheeran anunció que Beyoncé cantará en el remix de su canción *Perfect* que se publicó el 1 de diciembre de 2017 bajo el nombre de *Perfect Duet*.

La canción se convierte en el número 1 de la lista Billboard. Es la sexta canción de la carrera en solitario de Beyoncé que lo consigue.

El 4 de enero de 2018 se publica el videoclip de la colaboración entre Beyoncé y Jay-Z en el nuevo álbum de este último, *4: 44*, *Family Feud*. Ha sido realizado por Ava DuVernay.

Le 1er mars 2018, DJ Khaled dévoile *Top Off* en collaboration avec Beyoncé, Jay-Z et Future. C'est premier single de l'album *Father of Asahd* de DJ Khaled⁽' ⁾.

El 5 de marzo de 2018, el anuncio de una gira común entre Beyoncé y Jay-Z estalló en Facebook. Pero no fue hasta el 12 de marzo cuando la pareja anunció oficialmente su gira mundial *On the Run II Tour* a través de un anuncio en Youtube.

Le 20 mars 2018, Beyoncé et Jay-Z partent pour la Jamaïque pour y tourner un clip réalisé par Melina Matsoukas' .

Los días 14 y 21 de abril de 2018, Beyoncé participa en el Festival de Coachella en California y realiza dos actuaciones consideradas por la crítica como comprometidas e históricas para la comunidad afroamericana. Se convierte en la primera mujer negra en ocupar la cabeza de cartel del festival californiano. 125 000 personas verán a Beyoncé acompañada de una orquesta en directo, más de 100 bailarines y sus amigas de Destiny's Child, que se unirán a ella durante una parte del espectáculo. Este festival supone el regreso de Beyoncé después de haber dejado atrás sus actuaciones en" .

El 6 de junio de 2018, Beyoncé y su marido Jay-Z iniciaron la *gira On the Run II Tour* en Cardiff, Reino Unido. Dix jours après, lors de leur dernière prestation à Londres, le dúo dévoile *Everything is Love*, leur album commun crédité sous le nom de The Carters (" Les Carter " en français). La pareja publica también en la red social Youtube de Beyoncé un videoclip del single principal del álbum, *Apeshit*, que se presenta en el Museo del Louvre' . *Everything is Love* recibió principalmente críticas positivas' , y debutó en el segundo puesto de las listas americanas con 123 000 álbumes equivalentes (por 70 000 álbumes físicos vendidos).

El 2 de diciembre de 2018, Beyoncé y Jay-Z son cabezas de cartel del festival *Global Citizen : Mandela 100* que se celebra en el FNB Stadium de Johannesburgo en África del Sur. Su presentación de dos horas adopta una estructura similar a la de su gira On the Run II Tour, y Beyoncé ha sido elogiada por sus conciertos que rinden homenaje a la diversidad africana' .

El 30 de marzo de 2019 recibió, junto a Chadwick Boseman, LeBron James, Regina King y Ryan Coogler, el premio especial a *la Mejor actriz del año* en la 50 edición de los NAACP Image Awards.

Homecoming, El rey león, Black is King (2019-2021)

El 17 de abril de 2019 sale en Netflix *Homecoming*, un documental-concierto que repasa la actuación histórica de Beyoncé en el festival de Coachella en 2018. El estreno de la película viene acompañado del lanzamiento sorpresa de un álbum en directo *Homecoming : The Live Album*. Más tarde se supo que Beyoncé y Netflix habían firmado un acuerdo de 60 millones de dólares para producir tres proyectos diferentes, entre ellos *Homecoming*. *Homecoming* está nominada en 6 categorías de la 71ª ceremonia de los Premios Emmy a las Artes Creativas.

Beyoncé dobla la voz de Nala en la versión original del remake del *Rey León* (*The Lion King*) que se estrenará el 19 de julio de 2019ʹ. La cantante también participa en la banda original de la película con, por ejemplo, la publicación el 11 de julio de 2019 de una repetición de *Can You Feel the Love Tonight* con Donald Glover, Billy Eichner y Seth Rogen, compuesta originalmente por Elton John. Beyoncé también creó canciones originales para esta película como "Spirit", publicada como single principal de la banda original de la película y del nuevo proyecto de Beyoncé: *El Rey León: The Gift*. Este último es un álbum producido y dirigido por Beyoncé. La cantante ha dicho inspirarse en el R&B, el pop, el hip hop y el Afro Beat. Todas las canciones han sido producidas con productores africanos para encontrar "la autenticidad y el corazón" (Beyoncé) de esta película que se desarrolla en África. .

El 29 de abril de 2020, Megan Thee Stallion publica el remix de su canción *Savage* en colaboración con Beyoncé . Esta canción, la primera de Beyoncé en 2020, se colocó en el número uno del Billboard Hot 100 y se convirtió en la primera canción de Beyoncé en conseguir este éxito.

El 19 de junio de 2020, en pleno movimiento de Black Lives Matter en Estados Unidos, Beyoncé lanza *Black Parade*, una canción comprometida que refleja el valor cultural y artístico de las personas negras en el país. Los beneficios de esta canción se invierten en apoyo a los comercios negros, especialmente afectados por la crisis del COVID-19.

El 31 de julio de 2020, Disney+ difunde *Black Is King*, un álbum visual, es decir, un conjunto de videoclips de las músicas de *El Rey León: El Regalo. La* película está producida por Disney y Parkwood Entertainment . Con este último álbum, Beyoncé es la artista que ha recibido más nominaciones en la 63ª ceremonia de los Premios Grammy y comparte cuatro de ellas, lo que la convierte en la cantante más premiada, la artista femenina más premiada y la segunda artista más premiada de todos los tiempos en los Grammy.

El 4 de septiembre de 2021 Beyoncé anuncia en la revista *Harper's Bazaar* del 4 de septiembre de 2021 que prepara su nuevo álbum.

El 12 de noviembre de 2021, Beyoncé interpreta *Be Alive*, canción que ha escrito y grabado para la película biográfica sobre *La Méthode Williams* y que está preseleccionada para los Oscars'. El 27 de marzo de 2022, Beyoncé hace su primera actuación en directo en dos años cantando esta canción en la 94ª ceremonia de los Oscar.

2022 : *Renacimiento*

El 10 de junio de 2022, los fans de Beyoncé y algunos medios de comunicación anunciaron en su página web y en sus redes sociales la inminente publicación del álbum'. Estas previsiones se confirmarán el 16 de junio de 2022 con el anuncio de la plataforma de streaming Tidal, y posteriormente la propia cantante anunciará en su página web y en sus redes sociales un nuevo álbum, *Renaissance*, previsto para el 29 de julio de 2022. La revista British Vogue dedica su edición de julio a la estrella americana y deja entrever que el álbum será sobre todo un homenaje a las sonoridades house. El single principal del álbum, *Break My Soul*, inspirado en la música house de los años

90, salió a la venta el 21 de junio de 2022 en^{,,} y se convirtió en la canción más escuchada en la radio americana del año.

Le 1er juillet 2022, Beyoncé dévoile la pochette de son nouvel album.

El álbum *Renaissance salió a la venta* el 29 de julio de 2022 y está disponible en las plataformas en línea. La semana de su lanzamiento, *Renaissance* se convirtió en el álbum más escuchado en Francia, lo que supone una primicia para Beyoncé, y en los Estados Unidos.

A raíz de una polémica, el equipo de Beyoncé anunció que volvería a registrar una parte de la canción *Heated* para sustituir el término *spaz*, considerado ofensivo para las personas discapacitadas.

El 12 de agosto de 2022, Beyoncé publica el teaser oficial de las imágenes de su álbum' .

En enero de 2023, anunciará un torneo mundial con dos fechas previstas en Francia, París y Marsella (mayo y junio de 2023).

Estilo musical e imagen

Música y voz

Beyoncé siempre ha sido identificada como la estrella de Destiny's Child. Jon Pareles del *New York Times* opina que es ella quien define al grupo, y califica su voz de "aterciopelada pero ácida, con un trémolo insistente y unas reservas de soul estrepitosas". Otras críticas destacan su gama vocal y su potencia. Al analizar su segundo álbum *B'Day*, Jody Rosen de *Entertainment Weekly* escribió: "Beyoncé Knowles es una tempestad disfrazada de cantante. En su segundo álbum en solitario, B*'Day*, las canciones llegan con enormes rafales de ritmo y emoción, con la voz de Beyoncé ondulando sobre ritmos clavados; hay que buscar más lejos -quizá en las salas del Metropolitan Opera- para encontrar a un cantante que cante con una fuerza tan pura...". Nadie -ni R. Kelly, ni Usher, por no hablar de sus rivales divas del pop- puede igualar el genio de Beyoncé para deslizar su voz sobre un ritmo hip-hop".

Chris Richards, del *Washington Post,* escribió: "Incluso cuando toca libre, se eleva por encima de sus imitadores. Todo está en su voz, un instrumento sobrehumano capaz de marcar todos los ritmos con chuchotes para dar la silla de poule o enormes movimientos de diva. Afligida, sorprendida, enamoradiza u hostil, Beyoncé hace pasar todo esto con un virtuosismo indescriptible. "

La revista *Cove ha clasificado a* Beyoncé en séptimo lugar en su lista de los "100 mejores cantantes pop", otorgándole 48 de los 50 puntos posibles en función de varios criterios, desde su capacidad vocal hasta su armonía. Beyoncé ha sido criticada a menudo por cantar con demasiados adornos. Esto ha dado lugar a frecuentes comparaciones con artistas como Mariah Carey, cuyos adornos vocales son considerados por algunos como "molestos" para la melodía de sus canciones. *Eye Weekly* escribió: "No hay duda de que Beyoncé es una de las mejores cantantes de pop, quizá una de las mejores en activo... [Sin embargo] también es una de las mejores cantantes del mundo. [Sin embargo, por muy sensato que pueda ser su canto, el efecto global sigue dando la impresión de una cabeza de hierro en un vestido de terciopelo". "

La música de Beyoncé suele calificarse de RnB contemporáneo, pero también abarca otros géneros como el pop, el funk, el hip-hop y el soul. Aunque la cantante interpreta casi exclusivamente canciones en inglés, Beyoncé ha grabado algunas canciones en español para el *B'Day*. Destiny's Child ya había grabado una canción en español y había recibido una buena acogida por parte de sus fans latinos. Beyoncé aprendió el español

en la escuela cuando era joven, pero aún no lo ha hecho.
Antes de grabar los títulos en español para la edición de
B'Day, fue entrenada telefónicamente por el productor
discográfico estadounidense Rudy Perez.

Composición y producción

Desde las Destiny's Child, Beyoncé se ha implicado
artísticamente. Es autora de la mayoría de las canciones
grabadas por el grupo, así como de sus canciones.
Conocida por su escritura personal y por sus
composiciones cuyo tema es el poder de las mujeres,
afirma que la presencia de Jay-Z en su vida ha cambiado
un poco sus ideas sobre la relación entre hombres y
mujeres. Algunas de sus canciones son autobiográficas o
sacadas de experiencias de sus amigos.

Beyoncé también participa en la mayoría de sus
grabaciones, sobre todo durante su etapa en solitario.
Aunque no compone ella misma la música, suele aportar
melodías e ideas durante la producción. Beyoncé ha sido
reconocida como autora y compositora durante la
formación de Destiny's Child en 1990 y hasta mediados de
2000. Obtuvo el premio a la autora compositora pop del
año en los American Society of Composers, Authors and
Publishers Pop Music Awards 2001, convirtiéndose en la
primera mujer afroamericana y la segunda mujer autora
compositora de todos los tiempos en conseguirlo .
Beyoncé compuso el mismo año *Irreplaceable*, *Grillz*

(*Soldier* is samplé sur la chanson) y *Check on It*, convirtiéndose en la única mujer en conseguirlo desde Carole King en 1971 y Mariah Carey en 1991. En cuanto a créditos, ocupa el tercer puesto junto a Diane Warren, con siete singles número uno.

Escena

En 2006, Beyoncé presentó a su grupo de gira íntegramente femenino Suga Mama, formado por bajistas, baterías, guitarristas, coristas, clavecinistas y percusionistas. El grupo debutó en los BET Awards 2006 y apareció en los videoclips de *Irreplaceable* y *Green Light*. El grupo acompañó a Beyoncé en sus actuaciones en directo, especialmente en la gira mundial The Beyoncé Experience en 2007 y en la gira I Am... World Tour en 2009.

En un artículo titulado *Born to Entertain*, Beyoncé, junto a artistas clásicos y contemporáneos, recibe elogios por sus logros escénicos. Jarett Wieselman del *New York Post* clasifica a la cantante en el primer puesto de su lista de las cinco mejores cantantes/danzarinas y escribe: "la cantante consagra sistemáticamente cada una de sus canciones a la coreografía". "En 2009, Alice Jones de *Independent* escribió: "Ver a Beyoncé cantar y pavonearse puede hacernos sentir más intimidados o, peor aún, alucinados. Elle prend son rôle d'artiste tellement au sérieux qu'elle est presque trop belle ". *The New York*

Times escribió: "Hay una elegancia en su afán por divertir". Renee Michelle Harris del *South Florida Times* escribió que Beyoncé "se apropia de la escena con arrogancia e intensidad... Puso en escena su potente voz sin perder ni una nota, pero ejecutando enérgicamente los movimientos de baile perfectamente ejecutados... Ni Britney [Spears], ni Ciara [Harris] ni Rihanna pueden ofrecer lo que ella hace, un conjunto completo de voz, movimientos y presencia". "Le *Daily Mail* écrit : " de nombreux experts de l'industrie ont élevé Beyoncé au rang de " prochain Michael Jackson ". Aunque sea demasiado pronto para hacer comparaciones de este tipo, Beyoncé ha demostrado que es una de las artistas más apasionadas y talentosas, y por lo tanto puede entrar en la historia como tal". "

Las críticas también se refieren a su calidad vocal en escena. Examinando una de sus interpretaciones, Jim Farber de *The Daily News* escribió: "Beyoncé hace entender las cuerdas vocales duras como el acero. Cuando la melodía del coro se acentúa, se pone a planear sobre la melodía con una facilidad atlética. La forma en que Beyoncé utilizó su cuerpo intensifica aún más el sentimiento de triunfo. Con sus mejillas con mechones de Medusa, una perenne cadera y unas caderas lo suficientemente largas como para que Tina Turner se sintiera segura, la presencia de Beyoncé puso un punto de exclamación a su canto. "Stephanie Classen du

StarPhoenix declare : "Beyoncé no es una intérprete normal... Desde la primera nota, la verdadera pila eléctrica de 27 años se desenvuelve por encima de todos los artilugios, dominando el espectáculo como una princesa alienígena suprema y sexy. Sólo los orígenes extraterrestres podrían explicar esta voz... [Beyoncé] podría ridiculizar a cualquier otra estrella del pop actual. "*Newsday* écrit : " elle prouve qu'une chorégraphie sexy et une voix puissante n'ont pas à être mutuellement exclusives... Pas de souci de playback ici. "

Beyoncé también ha sido criticada por su sugerente coreografía. Su interpretación de la tumba del antiguo presidente de los Estados Unidos Ulysses S. Grant el 4 de julio de 2003 fue para algunos demasiado lasciva; sin embargo, los descendientes de Grant han tenido reacciones atenuadas al respecto.

Sasha Fierce

Tras el lanzamiento de su tercer álbum de estudio *I Am... Sasha* Fierce, Beyoncé presenta al mundo su alter-ego Sasha Fierce. Beyoncé dice que Sasha nació durante la gira de su éxito de 2003 *Crazy in Love*. En una entrevista con la revista *People*, Beyoncé afirma que su alter-ego es estrictamente para la escena, junto al redactor del artículo que describe a Sasha Fierce como el alter-ego sensual y agresivo de la cantante. Más tarde explicó a MTV: "Sasha Fierce es divertida, la más sensual, la más agresiva, la parte más francesa y la parte aún más glamurosa que sale cuando trabajo y cuando estoy en el escenario. ". Entrevistada más tarde por *Marie Claire*, revela que se siente poseída por su alter-ego en escena: "J'ai créé un alter ego: ce que je fais quand je suis sur scène, je ne ferais jamais normalement. Revivo cosas sobre mí mismo que no haría en una entrevista. J'ai des expériences hors de mon corps [sur scène]. Si je me suis coupé les jambes, si je tombe, je ne l'ai même pas senti. Je suis tellement sans peur, que je ne suis pas consciente de mon visage ou de mon corps. ".

Imagen

Elle déclare : "J'aime m'habiller sexy et je me comporte comme une dame ", mais elle explique également que la façon dont elle s'habille sur scène est " uniquement pour la scène. "Fan de la moda, Beyoncé combina sus elementos artísticos con sus clips de vídeo y sus espectáculos. Según el modisto italiano Roberto Cavalli, utiliza diferentes estilos e intenta armonizarlos con la música durante los espectáculos. El *B'Day Anthology Video Album* muestra numerosas secuencias orientadas a la moda, con un vestuario que va de lo clásico a lo contemporáneo. La revista *People* reconoce que Beyoncé es la celebridad más famosa de 2007. La madre de Beyoncé publicó un libro en 2002, titulado *Destiny's Style: Bootylicious Fashion, Beauty and Lifestyle Secrets From*

Destiny's Child, que explica cómo la moda influyó en el éxito de Destiny's Child.

Sin embargo, a veces se critica su estilo de belleza como una apología de la belleza "blanca". En efecto, la cantante suele aparecer en público con el pelo abiertamente decolorado en tonos europeos, o con extensiones de pelo, o incluso en tonos y formas totalmente artificiales para una afroamericana. El escándalo de su transformación en los medios de comunicación se destapó durante el episodio de publicidad de la marca L'Oréal : aparece con un tinte iluminado, mejillas suaves y blancas y unos ojos que parecen naturales, pero que en realidad han sido iluminados en marrón mediante un programa de retoque numérico (sus verdaderos ojos son negros). La marca se excusa así de haber modificado el cliché.

Como una de las celebridades femeninas más expuestas de Estados Unidos, Beyoncé ha recibido a menudo críticas que algunos consideran racistas o sexistas. El periodista Toure de la revista *Rolling Stone* ha declarado que desde la salida de *Peligrosamente enamorada*, "[Beyoncé] se ha convertido en un sex-symbol al estilo de Halle Berry...". "En 2007, apareció en la portada de *Sports Illustrated Swimsuit Issue*, convirtiéndose en la primera mujer, ni maniquí ni atleta, en posar para la revista y la segunda afroamericana en hacerlo, después de Tyra Banks. Ese mismo año, Beyoncé aparecía en las portadas de los anuncios y los periódicos de todo Estados Unidos mostrando un antiguo cigarrillo en la boca. Utilizada para la portada del *B'Day*, la imagen provocó la reacción de un grupo antitabaco, indicando que no necesitaba añadir el portacigarrillos "para parecer más sofisticada".

El 24 de abril de 2009, Beyoncé apareció en *Larry King Live*, donde dio una imagen más política y habló de todo, desde su canción durante la toma de posesión del presidente Barack Obama hasta el racismo al que tuvo que enfrentarse debido a sus orígenes. Dice que Michelle Obama es "muy chic", y también explica que haber cantado el primer baile de los Obama ha sido el punto culminante de su carrera.

Acusaciones de plagio

En octubre de 2011, Beyoncé fue acusada de plagio por Anne Teresa De Keersmaeker a propósito del clip *Countdown* , que reproduce en gran parte las coreografías, los decorados y el vestuario de dos películas extraídas de piezas de la coreógrafa flamenca: *Rosas danst Rosas* (1983) y *Achterland* (1990). En un comunicado, la cantante admite haberse inspirado en el trabajo de Keersmaeker.

Influencias y patrimonio

Muchos artistas han influido en el estilo musical de Beyoncé. Se ha aficionado a las canciones de Anita Baker y Luther Vandross, con los que acabó colaborando, pero a menudo menciona a su ídolo pop, Michael Jackson, y a la icono pop Madonna como las razones por las que hace música. También se inició en el jazz con Rachelle Ferrell, después de haber cantado sus canciones durante sus cursos de canto. Beyoncé cita sus influencias de artistas americanos como Tina Turner, Aaliyah, Prince, Aretha Franklin, Whitney Houston, Janet Jackson, Selena, Mary J. Blige, Diana Ross, Donna Summer, Mariah Carey y la cantante colombiana Shakira. También ha declarado que una de sus artistas favoritas es la cantante británica Sade.

Beyoncé influye también en muchos artistas contemporáneos. Además, el primer single de la ganadora de la sexta temporada de *American Idol*, Jordin Sparks, llamado *Tattoo*, así como su primer álbum, han sido descritos como muy parecidos al estilo de Beyoncé; algunos críticos también han dicho que *Tattoo* podría ser "una copia flagrante" del single de Beyoncé *Irreplaceable*. Stephen Thomas Erlewine de AllMusic considera que las canciones de la cantante pop estadounidense Katharine McPhee, en su primer álbum éponyme, están muy influenciadas por la música de Beyoncé. Kelly Rowland también se inspiró en la voz de Beyoncé durante la grabación de su segundo álbum, *Ms. Kelly*. Miley Cyrus explica a la revista estadounidense *Seventeen Magazine*: "Quiero ser como Beyoncé. Es la mujer del momento. Vous la regardez et vous ne vous demandez pas à quoi pourrait ressembler sa vie privée. Vous la voyez et vous vous dites : "cette fille-là sur la scène est une superstar ". Vous ne vous souciez rien d'autre ; seule sa musique compte. J'espère donc que ça sera moi à l'avenir. Por su parte, Cheryl Cole explica a *Hello Magazine* que ve en Beyoncé "la aspiración que toda mujer debe tener". "En junio de 2010, Michael Menachem de la *revista Billboard hizo* una reseña de la canción *Imposible* cantada por la barbadense Shontelle, comparando el carácter conmovedor y la precisión técnica con la canción de Beyoncé *Irreplaceable*. Beyoncé es la artista femenina más nominada a los premios Grammy, con 53 nominaciones. En 2004, se convirtió en una de las cinco mujeres en conseguir 5 Premios Grammy en una sola ceremonia antes de batir su propio récord en 2010 con 6 Grammys en una sola noche, un récord para una artista femenina.

Beyoncé es la primera artista internacional galardonada en los American Music Awards. En los World Music Awards 2008, Beyoncé fue galardonada con el Premio de la Legión por su excepcional contribución a las artes. Además, Beyoncé es la principal cantante de uno de los grupos femeninos que más discos ha vendido en todo el mundo: Destiny's Child. Su primer álbum forma parte de la clasificación final de los 200 mejores álbumes de la historia de la música en el Salón de la Fama del Rock and Roll. La cantante es una de las pocas artistas de su generación incluidas en esta lista. Se han realizado muchas estatuas de bronce a imagen de Beyoncé, entre ellas una en el museo de bronce Madame Tussauds. Mo'Nique participó en los BET Awards de 2003, 2004 y 2007 y parece que se inspiró en Beyoncé, ya que decidió participar en la ceremonia de 2004 interpretando la canción de Beyoncé *Crazy in Love*. Vuelve en 2007 con *Déjà Vu*. En diciembre de 2009, Beyoncé fue elegida por la revista Billboard como la artista femenina más brillante del decenio 2000-2010. También es, al igual que su compañera Rihanna, la artista con más singles en los Estados Unidos durante el decenio 2000-2010. Beyoncé está clasificada por la RIAA como la artista más certificada de este mismo decenio.

Single Ladies (Put a Ring on It) adquiere una gran popularidad, y los críticos la comparan a menudo con la canción de Aretha Franklin *Respect* o con *I Will Survive* de Gloria Gaynor. Muchas personas han colgado vídeos suyos en YouTube intentando hacer la corografía del clip de vídeo.

En 2016, la cantante Beyoncé sigue siendo figura de apoyo para el Black Panther Party y hace honor a antiguas activistas como Ericka Huggins. Beyoncé rindió homenaje al BPP durante la 50ª Super Bowl.

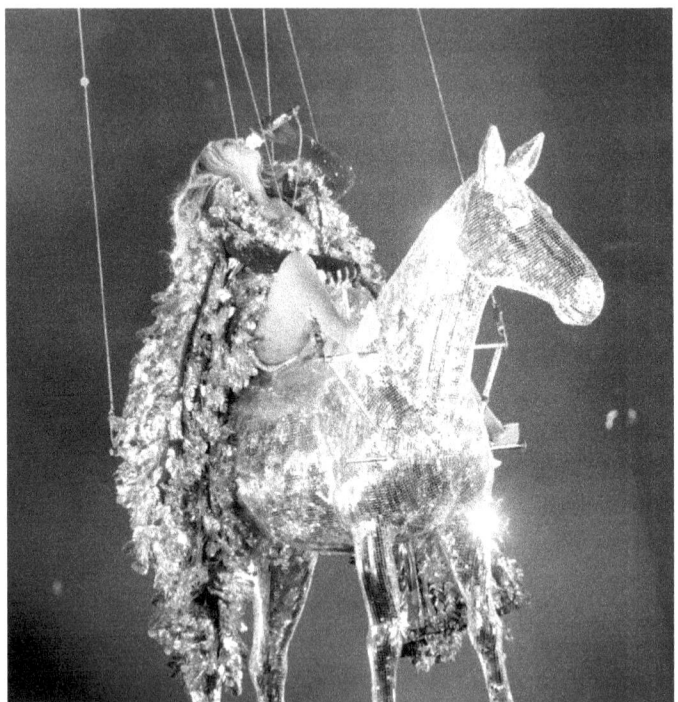

Otras actividades

Casa de Deréon

En 2005, Beyoncé y su madre lanzaron House of Deréon, una línea contemporánea de moda femenina. El concepto está inspirado en tres generaciones de mujeres de su familia, con el nombre Deréon en homenaje a la abuela de Beyoncé, Agnèz Deréon, que trabajó como modista[,] . Según Tina Knowles, el estilo general de la línea refleja mejor el gusto y el estilo de Beyoncé. Creada en 2006, los productos de House of Deréon se presentaron durante los espectáculos y giras del grupo durante el periodo *Destiny Fulfilled*[,,] . Las tiendas, que están presentes en Estados Unidos y Canadá, venden ropa deportiva, chalecos de cuero, ropa y accesorios, además de bolsos. Beyoncé también forma equipo con House of Brands, una empresa local de calzado, para producir una gama de zapatos para House of Deréon. En 2004, Beyoncé y su madre fundaron la empresa familiar Beyond Productions, que se encarga de la concesión de licencias y la gestión de la marca House of Deréon. A principios de 2008, lanzaron Beyoncé Fashion Diva, un juego para móviles con una función en línea de red social, con House of Deréon.

La organización por los derechos de los animales People for the Ethical Treatment of Animals (PETA) ha criticado a

Beyoncé por el uso de la crin animal en su línea de ropa. La organización ha enviado cartas de protesta y ha invitado a la celebridad a una cena sobre el tema. Beyoncé no ha respondido nunca.

Productos y publicidad

En 2002, Beyoncé firmó un contrato promocional con Pepsi-Cola. El contrato incluye publicidad televisiva, radiofónica y en Internet. La empresa la ha contratado para ayudarla a conseguir una mayor cobertura geográfica. Un anuncio televisado de Pepsi en 2004 con el tema "Gladiadores" reunió a Beyoncé y a los cantantes Enrique Iglesias, Britney Spears y Pink. El año siguiente apareció con Jennifer Lopez y David Beckham en un anuncio llamado "Samurai". La gama de productos con los que Beyoncé tiene acuerdos comerciales incluye también productos de belleza y perfumes, aunque la cantante sea alérgica a los perfumes. Beyoncé trabaja con L'Oréal desde hace diez años. Lanza el perfume True Star de Tommy Hilfiger en 2004 y canta una repetición de *Wishing on a Star* para los anuncios de True Star, por los que gana 250.000 dólares. También lanzó True Star Gold de Hilfiger en 2005 y Diamonds de Emporio Armani en 2007. La revista *Forbes* indica que Beyoncé ha ganado 80 millones de dólares entre junio de 2007 y junio de 2008, entre su álbum, su gira, su negocio de moda y sus contratos publicitarios. Esto la convierte en la segunda personalidad de la música mejor pagada del mundo durante este tiempo. En 2009, *Forbes* clasificó a Knowles en el puesto número cuatro de su lista de las 100 celebridades más poderosas e influyentes del mundo, en el puesto número tres de su lista de músicos y en el número uno de su lista de celebridades de menos de 30 años mejor pagadas, con más de 87 millones de dólares de ganancias entre 2008 y 2009. La misma revista clasifica a Beyoncé en el tercer puesto de su lista de las celebridades más pujantes de 2010 con 87 millones de dólares gracias a la gira mundial de 93 conciertos, sus contratos con Nintendo y L'Oréal y su línea de ropa House of Deréon. Beyoncé también figura en el segundo puesto de la lista de las 100 celebridades más poderosas e influyentes del mundo y, por lo tanto, se ha convertido en la artista femenina mejor pagada .

Knowles lanza su primer perfume, Heat, en 2010. En el marco de la campaña publicitaria del perfume, Knowles hizo una reedición de *Fever* para la publicidad de Heat. Knowles estrenó Fever para su película de 2003 *The Fighting Temptations*. Los expertos del sector estiman que el perfume podría alcanzar los 100 millones de dólares de venta al por menor a nivel mundial en su primer año. Beyoncé explica el concepto del perfume: "Muchos de mis conciertos implican el uso de fuego, así que pensamos en "Heat". Además, el rojo es uno de mis colores preferidos, como el oro. Todo, desde el diseño de la botella hasta el nombre, pasando por las ideas para la publicidad, viene de mí. "Beyoncé también habla del perfume: "Para mí, un perfume refleja la actitud de una mujer y su sentido del estilo; aunque adoro diferentes perfumes, nunca he encontrado uno que me caracterice realmente como una mujer. Trabajando con Coty, he sido capaz de materializar mi perfume ideal creando un perfume sofisticado y seductor que refleja mi fuerza interior. " En marzo de 2013, H&M anuncia que Beyoncé es la nueva égida de su colección 2013 de maillots de bain.

Línea de ropa Sasha Fierce

erEl 1 de julio de 2009, Beyoncé y su madre, la estilista Tina, lanzaron una línea de ropa femenina para *la vuelta al cole* inspirada en los trajes de la gira del álbum. La colección se compone también de ropa deportiva, ropa al aire libre, bolsos de mano, chaussures, lunettes, lencería y bisutería, a excepción del cinturón de metal y el conjunto de billetes de Sasha Fierce. La serie de prendas está censurada por colar la imagen del personaje de la estrella del pop en escena. El look es épuré, très moulant avec beaucoup d'accessoires métalliques, dont un body noir et beaucoup de leggings. Beyoncé explica : "La línea muestra realmente otra faceta de mi personalidad, que reconozco que puedo expresar. La línea Sasha Fierce resalta la confianza, la sensualidad y el lado audaz de una mujer. "

Compromisos

Durante los primeros veinte años de su carrera, se abstuvo de todo compromiso político público. Por el contrario, Hannibal Kadhafi, hijo del dirigente libio Mouammar Kadhafi, recibió una remuneración de 2 millones de dólares la noche del Nuevo Año en Saint-Barthélémy en 2010.

Se declaró feminista en 2013, con motivo del lanzamiento de su quinto álbum de estudio *Beyoncé*. El año siguiente, durante los MTV Music Awards, el término *"feminista"* apareció en grandes letras cada vez que aparecía en escena: Según la autora Sandrine Galand en su obra *Le féminisme pop* (éditions du Remue-ménage), "lo que hizo Beyoncé la noche del 24 de agosto de 2014 fue proyectar el feminismo en la escena *mainstream*", mientras que la palabra feminista es aún marginal o se escucha en círculos militantes bien identificados.

Sin embargo, su compromiso feminista se debate entre, por un lado, una imagen compleja y sexual de su cuerpo, que aparece en títulos como (*Blow*, *Partition*), y tenues escenas sexys como minishorts o escotes de plumas, y, por otro, canciones abiertamente feministas como *Run the World (Girls)* o *Flawless*. La intelectual feminista bell hooks denunció en 2014 la hipersexualización de la artista y declaró que "una parte de Beyoncé" parecía ser "en realidad antifeminista [e incluso] terrorista, especialmente en lo que respecta al impacto sobre las jóvenes"; además, matizó sus propuestas al tiempo que guardaba reservas sobre el feminismo de Beyoncé. La feminista nigeriana Chimamanda Ngozi Adichie, de quien Beyoncé retomó parte de su discurso a favor del derecho de las niñas en la canción *Flawless*, se desmarcó de la artista en 2016, declarando que Jay-Z ocupa demasiado lugar en su vida.

Denunció la violencia policial racista en su álbum *Formation durante la* Super Bowl de febrero de 2016. Este compromiso se prolonga en el álbum *Lemonade*, publicado unas semanas más tarde, en el que se muestra claramente en contra de la violencia policial en los Estados Unidos, de la que los negros son las principales víctimas, e insiste: "Cualquiera que perciba mi mensaje como antipolicía se equivoca completamente. J'ai tellement d'admiration et de respect pour les policiers et les familles de policiers qui se sacrifient pour notre sécurité. Mais soyons clairs : je suis contre la brutalité et l'injustice de la police. Ce sont deux choses différentes ". Después de las muertes de Alton Sterling y Philando Castile en Dallas en julio de 2016 tras las agresiones de policías blancos, participó en el clip *23 maneras en las que podrían matarte si eres negro*. Tête d'affiche du festival Coachella en 2018, elle entonne *Lift Every Voice and Sing*, considéré comme l'hymne national des Afro-Américains, et en 2020 son clip *Black Parade* fait écho au meurtre de George Floyd et aux manifestations antiracistes qui se suivent. El universitario Keivan Djavadzadeh considera que es "una de las figuras más visibles de la cultura pop entre las que participan en Black Lives Matter" y que "su militantismo no es tácito: hace donaciones y comparte los mensajes del movimiento, cuya estrategia se basa únicamente en la visibilización del racismo sistémico".

Al igual que su marido, apoya a la candidata demócrata Hillary Clinton en las elecciones presidenciales de 2016. En los últimos días de la campaña presidencial 2020, apoya explícitamente al candidato demócrata Joe Biden.

También apoya la causa LGBT con Jay-Z y rinde homenaje a su tío Johnny, al que cita como "el gay más fabuloso que he conocido nunca y que ha participado en mi educación y en la de mi hermana", en un discurso en los GLAAD Media Awards en 2019.

Œuvres caritatives

Desde su infancia, Beyoncé es consciente de los problemas sociales. Su padre a veces la embaucaba en asociaciones caritativas, sobre todo en la sociedad afroamericana. Beyoncé y la integrante de Destiny's Child, Kelly Rowland, así como la familia de esta última, han fundado la fundación Survivor, una organización de beneficencia creada para proporcionar viviendas de transición a las víctimas del huracán Katrina de 2005 y a los evacuados por las tormentas en la zona de Houston en Texas. La Survivor Foundation prolonga así la misión humanitaria del centro para jóvenes "Knowles-Rowland", un centro comunitario polivalente de sensibilización situado en el centro de Houston. Beyoncé dona 100 000 dólares al Gulf Coast Ike Relief Fund, para las víctimas del huracán Ike en la zona de Houston. Organiza una colecta de fondos en beneficio de las víctimas del huracán Ike con la ayuda de la Survivor Foundation.

En 2001, participó con la bailarina Marie Bellois y una treintena de grandes estrellas en *What More Can I Give*, una canción de Michael Jackson cuyas ganancias de las ventas digitales se destinaron a asociaciones en favor de los niños estadounidenses.

En 2005, el productor musical David Foster, su hija Amy Foster-Gillies y Beyoncé escribieron *Stand Up for Love*, para servir de himno al Día Mundial de la Infancia, un acontecimiento que se celebra cada año en todo el mundo el 20 de noviembre para sensibilizar y aumentar los fondos destinados a la causa de los niños. Las Destiny's Child hicieron oír su voz y apoyaron esta causa al convertirse en embajadoras mundiales durante el programa del Día Mundial de la Infancia 2005. En 2008, Beyoncé grabó con otros artistas *Just Stand Up!*, un sencillo benéfico para la organización de ayuda contra el cáncer Stand U Cancer. Participan otros cantantes, entre ellos Mariah Carey, Leona Lewis, Rihanna, LeAnn Rimes y Mary J. Blige.

Beyoncé realiza recogidas de alimentos durante las pausas de su gira The Beyoncé Experience en Houston el 14 de julio, en Atlanta el 20 de julio, en Washington D.C. el 9 de agosto, en Toronto el 15 de agosto, en Chicago el 18 de agosto, y finalmente en Los Ángeles el 2 de septiembre de 2006. El 4 de octubre de 2008, Beyoncé asistió al concierto benéfico Miami Children's Hospital Diamond Ball & Private Concert en el American Airlines Arena de Miami, donde fue invitada al Salón Internacional de la Fama de Pediatría. Ethan Bortnick, de 7 años de edad, interpreta *Over the Rainbow*, que le dedica a Beyoncé. Tras la presentación de la película *Cadillac Records*, Beyoncé dona su caché completo a Phoenix

House, una organización nacional de centros de desintoxicación. Beyoncé visita Brooklyn, en Nueva York, para preparar su papel de la cantante Etta James, que se convirtió en heroína. El 5 de marzo de 2010, Beyoncé y su madre, Tina Knowles, inauguraron el Centro de Cosmetología Beyoncé en la Phoenix House de Brooklyn. El programa ofrece una formación de siete meses en cosmetología para hombres y mujeres. L'Oréal dona todos los productos que se utilizan en el centro, y Beyoncé, acompañada de su madre, promete donar 100.000 dólares al año.

Más recientemente, Beyoncé ha colaborado con la iniciativa contra la pobreza "Show Your Helping Hand" y con General Mills Hamburger Helper. El objetivo es luchar contra el hambre en América ofreciendo más de 3,5 millones de repuestos a los bancos de alimentos locales. Beyoncé anima a sus fans a llevar alimentos no perecederos durante sus conciertos en Estados Unidos.

Beyoncé ha sido elegida para figurar en la edición limitada de la camiseta "Fashion For Haiti" del Consejo de Diseñadores de Moda de América. La camiseta, en la que se puede leer: "To Haiti With Love", ha sido diseñada por Peter Arnell, que también creó la camiseta "Fashion for America", que recaudó dos millones de dólares después del 11 de septiembre.

En octubre de 2020, Beyoncé publicó una declaración en la que informaba de que había colaborado con la Coalición Feminista para ayudar a los partidarios del movimiento contra el SRAS en Nigeria, en particular sufragando los gastos médicos de los manifestantes heridos, cubriendo los gastos jurídicos de los manifestantes detenidos y proporcionando alimentos, un botiquín de urgencias, medios de transporte y de comunicación a aquellos que lo necesiten. Beyoncé también ha mostrado su apoyo a quienes luchan contra otros problemas en África, como la crisis anglófona en Camerún, ShutItAllDown en Namibia, *Zimbabwean Lives Matter* en Zimbabue y la urgencia nacional por la violencia en Liberia. En diciembre de 2020, Beyoncé donó 500 000 dólares para ayudar a paliar la crisis de la vivienda en los Estados Unidos provocada por la suspensión de la moratoria sobre las expulsiones, concediendo 100 subvenciones de 5 000 dólares a personas y familias afectadas por los secuestros y las expulsiones.

Vida privada

Con respecto a la gira de Destiny's Child en 2000, Beyoncé admitió en diciembre de 2006 que sufría depresión debido a una acumulación de luchas. La salida de LeToya Luckett y LaTavia Roberson del grupo, los ataques de los medios de comunicación, las críticas y los blogs provocaron su hundimiento, además de la ruptura con un pequeño amigo de larga data (que tuvo entre sus 12 y sus 19 años).Él, llamado Lyndall Locke, reveló más tarde que la gran carrera de Beyoncé se debía a su relación, ya que ella los había abandonado y él no se sentía más a gusto.

La depresión es tan grave que dura dos años. A veces se queda en su habitación durante varios días y se niega a hacer nada. Beyoncé ha declarado que le dolía hablar de su depresión porque las Destiny's Child habían ganado su primer premio Grammy y quería que nadie la cogiera en serio. Tous ces évènements la font se remettre en cause et lui font douter de ses amis. Elle décrit sa sensation : " Maintenant que je suis célèbre, j'ai peur de ne jamais trouver quelqu'un de nouveau qui m'aime pour qui je suis. J'avais peur de me faire de nouveaux amis. "Elle se rappelle que sa mère, Tina Knowles, lui a finalement dit pour l'aider à sortir de sa dépression : " Pourquoi penses-tu que personne ne puisse t'aimer ? ¿No ves que eres inteligente, guapa y dulce? "

Desde 2001′ , Beyoncé mantiene una relación con Jay-Z, con quien ha colaborado en varias ocasiones. Tras su dúo '03 Bonnie & Clyde, publicado en octubre de 2002, comenzaron a circular rumores sobre su relación. A pesar de los rumores persistentes, se mantienen discretos al respecto′ . En 2005, surgieron rumores sobre el matrimonio de la pareja. Beyoncé afirma que Jay-Z y ella no son novios. Cuando le hicieron la pregunta en septiembre de 2007, Jay-Z respondió: "Un día, pronto, lo diremos como es". "Laura Schreffler, redactora jefe de la revista *OK!*, escribió: "Estos hombres tienen mucho que ver con su vida privada".

El 4 de abril de 2008, Beyoncé y Jay-Z se casan en Nueva York. El evento se hace público el 22 de abril de 2008. Beyoncé no hace pública su alianza hasta el concierto *Fashion Rocks* del 5 de septiembre de 2008 en Nueva York. Finalmente, Beyoncé confirma su boda con un vídeo de apertura en la velada de presentación de *I Am... Sasha Fierce* en el Sony Club de Manhattan.

Un reportaje difundido en *60 Minutes* en 2010 muestra que recibía clases a domicilio cuando era niña y que se preparaba antes de cada representación.

El 7 de enero de 2012, Beyoncé da a luz a su primera hija, Blue Ivy, en Nueva York. Le 1er février 2017, Beyoncé annonce qu'elle attend des jumeaux″ avec une série de photographies et un poème intitulé *I have 3 hearts* jouant sur des codes religieux. El anuncio de su grosería en Instagram se ha convertido en la foto más popular del sitio en menos de unas horas.

En el documental Homecoming, Beyoncé cuenta que durante su segunda maternidad sufrió toxemia y preeclampsia. El 13 de junio de 2017, da a luz a sus dos hijos, un chico, Sir Carter, y una chica, Rumi Carter.

Discografía

Álbumes Estudios

- 2003 : *Peligrosamente enamorados*
- 2006 : *B'Day*
- 2008 : *Yo soy... Sasha Fierce*
- 2011 : *4*
- 2013 : *Beyoncé*
- 2016 : *Limonada*
- 2022 : *Renacimiento*

Obras ampliadas

- 2007 : *Irreemplazable*
- 2012 : *4: La remezcla*
- 2014 : *Más*

Álbum en colaboración

- 2018 : *Todo es amor* (avec Jay-Z)

Tournées

En tête d'affiche

- *Gira mundial Dangerously in Love* (2003)

- *La experiencia Beyoncé* (2007)

- *I Am... World Tour* (2009-2010)

- *Soy... tuyo* (2009)

- *En directo en Roseland: Elements of 4* (2011)

- *The Mrs. Carter Show World Tour* (2013)

- *La gira mundial Formation* (2016)

Con otros

- *Verizon Ladies First Tour* con Alicia Keys y Missy Elliott (2004)

- *Gira On The Run* con Jay-Z (2014)

- *On The Run Tour II* avec Jay-Z (2018)

Premios y nominaciones

Beyoncé Knowles es la artista más galardonada de la historia de los Grammy, con un total de 32 premios.

También es la artista más nominada en la historia de los Grammy, con 88 nominaciones.

Filmografía

Cinéma

- 2001 : Carmen*: A Hip Hopera* de Robert Townsend : Carmen

- 2002 : *Austin Powers dans Goldmember* de Jay Roach : Foxxy Cleopatra

- 2004 : *The Fighting Temptations* de Jonathan Lynn : Lilly

- 2006 : *La Panthère Rose* de Shawn Levy : Xania

- 2007 : *Dreamgirls* de Bill Condon : Deena Jones

- 2008 : *Cadillac Records* de Darnell Martin : Etta James

- 2009 : *Obsessed* de Steve Shill : Sharon Charles

- 2009 : *Wubb Idol (en)* de Larry Hall, James Burks, Steve Daye, Ron Crown : Shine

- 2013 : *Epic : La Batalla del reino secreto* de Chris Wedge : Reine Tara (voz original)

- 2013 : *Mademoiselle C.* de Fabien Constant : Elle-même

- 2013 : *Life Is But a Dream (en)* de Beyoncé, Ed Burke, Ilan Y. Benatar : Beyoncé

- 2019 : *Le Roi Lion* de Jon Favreau : Nala

- 2020 : *Black is King* de Beyoncé : guía espiritual

Voz francófona

En las versiones francesas, Beyoncé está doblada por Maïk Darah (Austin *Powers in Goldmember* y *Cadillac Records*), Ingrid Donnadieu (*Epic: La batalla del reino secreto* y *Dreamgirls*) y Claire Beaudoin (*The Fighting Temptations*). En Québec, Hélène Mondoux es la voz más regular de la actriz (*La Panthère rose*, *Austin Powers*, etc.). Para *Epic*, Geneviève Désilets.

Courts métrages

- 2014 : *Carrera* de Melina Matsoukas : Elle-même

Regreso a casa

Beyonce estrenará el documental *Homecoming en* la plataforma digital Netflix el 17 de abril de 2019. Esta película, realizada por ella misma, se compone de su concierto histórico en el festival californiano Coachella en 2018 y de imágenes de coulisses.

Otros libros de United Library

https://campsite.bio/unitedlibrary

Milton Keynes UK
Ingram Content Group UK Ltd.
UKHW020732131123
432471UK00004B/39